BEI GRIN MACHT SICH IHR
WISSEN BEZAHLT

Erstellung eines Businessplans für ein Fitnessstudio

Bibliografische Information der Deutschen Nationalbibliothek:

Die Deutsche Nationalbibliothek verzeichnet diese Publikation in der Deutschen Nationalbibliografie; detaillierte bibliografische Daten sind im Internet über http://dnb.d-nb.de abrufbar.

ISBN: 9783346584298
Dieses Buch ist auch als E-Book erhältlich.

© GRIN Publishing GmbH
Nymphenburger Straße 86
80636 München

Druck und Bindung: Books on Demand GmbH, Norderstedt Germany
Gedruckt auf säurefreiem Papier aus verantwortungsvollen Quellen

Das Buch bei GRIN: https://www.grin.com/document/1156414

Deutsche Hochschule für

Prävention und Gesundheitsmanagement

Hermann Neuberger Sportschule 3

66123 Saarbrücken

Projektarbeit

Name, Vorname	
Matrikelnummer	
Modul	Interdisziplinär
Studiengang	Fitnessökonomie
Datum Präsenzphase	
Studienort	
Arbeitsgruppe*	Business
Gruppenarbeit/Aufgabenstellung*	Teilaufgabe 3

*gemäß Auslosung Präsenzphase

Inhaltsverzeichnis

1.Definition der „konstitutiven" Parameter

1.1. Wesentliche Standortfaktoren

Vor der Gründung eines neuen Fitnessstudios muss ein potentieller Standort für das Studie gefunden werden. In diesem Kapitel werden die wesentlichen Standortfaktoren aufgezeigt und Möglichkeiten dargestellt woher man Informationen zu den einzelnen Punkten (siehe Tab. 1) beziehen kann.

Tabelle 1: Relevante Standortfaktoren

Standortfaktoren	Informationsbeschaffung zur Beurteilung
Lage	GoogleMaps, Stadtplan, Stadtbesichtigung
Grundstück	Internet, Makler, Ausschreibungen(Zeitung, Schaufenster bei Stadtbesichtigung)
Infrastruktur: - Verkehrsanbindung (Bus/S-Bahn) - Parksituation	Stadtbesichtigung, Internet, Fahrplan des Ortsanbieter, Stadtplan
Absatzmarkt	Internetrecherche, Openrouteservice
Personal: -Verfügbarkeit - Kosten	Internet, Stadtbesichtigung (Verfügbarkeit von Universitäten, Schulen usw.)
Konkurrenz	Stadtbesichtigung, Internet

1.2.Firmenname und Firmenlogo

Das Fitnessstudio soll unter dem Namen „Kraftwerk" eröffnet werden. Der Name soll die Menschen neugierig machen, da man bei dem Wort „Kraftwerk" nicht direkt an ein Fitnessstudio denkt, sondern eher an eine Städte die zur Produktion von Strom genutzt wird, wie zum Beispiel ein Wasserkraftwerk oder ein Atomkraftwerk. Nachdem der Name die Neugier geweckt hat und somit die Menschen zum nachdenken anregt, ver-mittelt der Name, das es sich um einen Ort handelt bei den jeder seinen Körper und sei-ne Kraft trainieren kann also ein Ort zur Produktion von Kraft. Durch den Vergleich des

Fitnessstudios mit einem Kraftwerk bleibt der Name im Gedächtnis und lässt Menschen schmunzeln und somit sorgt der Name dafür das Menschen ihn nicht vergessen und im besten Fall weitererzählen.

Zu einem guten Namen gehört auch ein Slogan. Für das Studio „Kraftwerk" lautet der Slogan folgendermaßen: „Dein Körper ist dein kostbarstes Gut". Der Slogan soll auch Menschen motivieren die nicht die klassischen Kunden einen Fitnessstudios sind. In dem letzten Jahrzehnt kam es zu einem Umdenken in der Gesellschaft, wo die Gesundheit einen höheren Stellenwert erhalten hat, dass erkennt man an den Trends wie der vegetarischen oder veganen Ernährung. Diesen Trend will man mit dem Slogan aufgreifen und somit Menschen welche sich nun mehr für ihre Gesundheit interessieren ansprechen und motivieren auch mehr zu tun als nur die Ernährung anzupassen! Für Logo siehe Abb.3 auf Seite 19.

1.3.Standortfaktoren des Studios

1.3.1.Lage

Anmerkung der Redaktion: Diese Abbildung wurde aus urheberrechtlichen Gründen entfernt.

Abb.1: Lage Standort

Das Fitnessstudio befindet sich in Würzburg genauer gesagt in der Leistenstraße 1 (siehe Abbildung 1). Der Standort ist sehr zentral. Er befindet sich zu fuß nur 10 Minuten entfernt von der Innenstadt. Auch aus allen Ortsteilen wie beispielsweise der Altstadt, Zellerau, Sanderau, Heidingsfeld, Lengfeld, Steinbachtal, Dürrbachtal, Rottenbauer, Frauenland, Grombühl, Versbach und der Lindleinsmühle fährt man maximal 5-15 Minuten. Ebenfalls ist der Standort für die Nachbarorte gut zu erreichen (siehe Tab. 2). In 300 Metern Entfernung befindet sich ein Supermarkt, somit würden sich Alltagserledigungen vor oder nach dem Training anbieten. Der Standort liegt an einer vielbefahrenen Kreuzung mit Fußgängerampel und Radweg. Die Kreuzung lässt 7-9Uhr und 16-18Uhr vorwiegend Stop and Go Verkehr zu. Deshalb bieten sich die Zäune des Geländes als ideale Werbefläche für Banner, welche täglich von tausenden Menschen gesehen werden. Ebenfalls würde sich das Aufstellen von Werbetafeln an diesem Standpunkt lohnen.

Tab.2: Entfernung und Fahrdauer der Nachbarorte bis zum Standort

Ort	Entfernung	Fahrdauer
Randersacker	6,3km	10min
Gerbrunn	5,4km	14min
Zell am Main	6,0km	11min
Höchberg	3,8km	6min
Eibelstadt	10km	14min
Waldbüttelbrunn	6,7km	9min
Veitshöchheim	9,1km	13min

1.3.2. Grundstück

In der dieser Lage von Würzburg beträgt der durchschnittliche Quadratmeterpreis für Gewerbeimmobilien 11 bis 13 Euro. Der Preis wurde mit Hilfe von Berechnungen der aktuellen Angebote des Würzburger Immobilienmarktes (Gewerbeimmobilie) berechnet (immobilienscout24.de). Zusätzlich zum Mietpreis kommen noch die Nebenkosten dazu, diese betragen für die Stadt Würzburg durchschnittlich 2,15 Euro pro Quadratmeter (Miet-Check.de). Die Fläche des Studios beträgt rund 187 Quadratmeter. Diese setzen sich wie folgt zusammen: Studiofläche 120qm, 63qm Parkplatz, 4qm Grünfläche. Somit ergibt sich ein Mietpreis für das Grundstück von 2646,05€. Die Miete wurde folgendermaßen berechnet: (12€+2,15€) x 187qm

1.3.3. Infrastruktur

Das Studio liegt an der Kreuzung Leistenstraße/ Mergentheimer Straße. Am Grundstück befindet sich ein Parkplatz, welcher Platz für 7 Autos bietet. Der Parkplatz ist sowohl von der Leistenstraße als auch von der Mergentheimer Straße befahrbar. Des weiteren befinden sich Parkmöglichkeiten beim 300 Meter entfernten Supermarkt oder am Parkplatz bei der Löwenbrücke (siehe Abb. 1), welcher 4 Minuten zu Fuß entfernt ist. Außerdem befindet sich direkt vor der Tür die Bushaltestelle „Leistenstraße" von der 13 Buslinien in die anderen Stadtteile oder Nachbarorte fahren (wvv.de). Die S-Bahn Haltestelle „Löwenbrücke" befindet sich 2 Minuten zu Fuß vom Studio entfernt. Von der Haltestelle fährt alle 6 Minuten eine S-Bahn in die Innenstadt und nach 20Uhr sind es immer noch jede 20Minuten. Eine Haltestelle entfernt befindet sich der Sanderring, an diesem Knotenpunkt kann man in andere Busse oder S-Bahnen wechseln und somit in alle möglichen Stadtteile fahren.

1.3.4. Absatzmarkt

Um den Absatzmarkt zu bewerten wurde mit Hilfe des Openroute Service (openrouteservice.org) ein Einzugsgebiet für potentielle Kunden ermittelt (siehe Abb.2). Für die Ermittlung des Absatzmarktes wurden folgende Variablen festgelegt: Der Dunkelrote Bereich zeigt das Einzugsgebiet bei einer Fahrdauer von 8 Minuten und der hellrote Bereich zeigt das Einzugsgebiet bei einer Fahrdauer von 15 Minuten. Bei der Ermittlung wurde von einem handelsüblichen PKW ausgegangen.

Anmerkung der Redaktion: Diese Abbildung wurde aus urheberrechtlichen Gründen entfernt.

Abb. 2: Absatzmarkt für 8 und 15 Minuten mit dem PKW

Die Recherche des Absatzmarktes ergab folgendes Ergebnis, welches in der folgenden Tabelle dargestellt wird (siehe Tab.3 und Tab.4).

Tab.3: Absatzmarkt Würzburg (wuerzburg.de)

Stadtteile Würzburg	Einwohnerzahl (Stand 2020)
Altstadt	22590
Zellerau	12866
Sanderau	15570
Heidingsfeld	10723
Heuchelhof	10017
Frauenland	22823
Grombühl	10103

Lindleinsmühle	5256
Versbach	7235
Lengfeld	11436
Steinbachtal	5214
Dürrbachtal	6367
Rottenbauer	4384
Würzburg (Gesamt)	130.455

Tab.4: Absatzmarkt Nachbarorte Würzburg

Orte	Einwohnerzahl
Estenfeld	4795 (31.12.2008)
Gebrunn	6423 (31.12.2008)
Reichenberg	4069 (31.12.2008)
Eisingen	3548 (31.12.2017)
Waldbrunn	2564 (31.12.2008)
Hettstadt	3706 (31.12.2008)
Waldbüttelbrunn	5055 (31.12.2008)
Eibelstadt	2790 (31.12.2008)
Unterdürbach	1820 (31.12.2011)
Margetshöchheim	3231 (31.12.2008)
Veitshöchheim	9938 (31.12.2008)
Markt Höchberg	9501 (31.12.2020)
Zell am Main	4265 (31.12.2008)
Orte (Gesamt)	61.705

Bei der Betrachtung des Absatzmarktes sind ebenfalls Faktoren wie die Kaufkraft, das Durchschnittsalter und die Arbeitslosenquote zu berücksichtigen. Die durchschnittliche Kaufkraft für die Stadt Würzburg beträgt 24.358€ pro Kopf. Die Arbeitslosenquote beträgt in Würzburg 4,1% das sind bei einer gesamten Einwohnerzahl von 130.455 circa

5349 Menschen. Der letzte Punkt ist das Durchschnittsalter, dies beträgt in Würzburg 42,3 Jahre.

1.3.5. Personal

Die Verfügbarkeit von potentiellen Personal ist in Würzburg gegeben, da es sich um eine Universitätsstadt handelt, welche auch ein ideales Angebot an Studiengängen im Bereich Sport hat. In Würzburg haben auch zahlreiche Berufsschulen ihren Sitz, welches die Ausbildung neuer Fachkräfte fördert.

1.3.6 Konkurrenz

In Würzburg sitzen zahlreiche Fitnessstudios, vor allem aus dem Discounterbereich. Da es sich bei dem Studio „Kraftwerk" um ein Businessstudio handelt, welches den Fokus auf Personaltraining legt, kann man höchstens die EMS Studios als Konkurrenz betrachten. Von diesen Studios gibt es 5 Stück in Würzburg. Das es sich bei dem Studio „Kraftwerk" um ein Studio für Personaltraining handelt ohne EMS-Weste sondern mit klassischen Geräten gibt es in dieser Form so gut wie keine Konkurrenz. Selbst wenn man die EMS-Studios in Betracht zieht, ist es für das Studio kein Problem, bei einem Absatzmarkt von insgesamt 192160 potentiellen Kunden (wobei Kinder und jugendliche bis zum 16. Lebensjahr wegfallen), genügend Menschen zu akquirieren um ausreichend Umsatz zu machen.

1.4. Datenblatt

Tab.5: Rahmenparameter Studio „Kraftwerk"

Rahmenparameter	Business
Standortfaktoren	- Sehr zentrale Lage - gute Verkehrsanbindung (Bushaltestelle vor der Tür und Straßenbahnhaltestelle 3min zu Fuß) - ausreichend Parkplätze: 7Stück auf dem Grundstück, Supermarktparkplatz 2min zu Fuß, großer öffentlicher Parkplatz 5min zu Fuß - Lage an Knotenpunkt, somit gut geeignet für Werbung in Form von Bannern und Aufstellern
Studiogröße und Flächenverteilung	Studiogröße beträgt 120qm. Aufteilung: - 70qm Trainingsfläche - 10qm Thekenbereich - 10qm Aufenthalts- und Pausenraum Personal - 6qm Lagerraum (Getränke, Kaffee, Bürobedarf, Putz- und Hygieneartikel) - 5qm WC Damen - 5qm WC Herren - 5qm Dusche+Umkleide (Platz 1 Person) - 5qm Dusche+Umkleide (Platz 1 Person) - 2qm Umkleide (Platz 1 Person) - 2qm Umkleide (Platz 1 Person)
Raumkosten pro qm (inkl. Nebenkosten)	Gesamtmiete für das Grundstück beträgt 2646,05€ für 187qm. Somit ergeben sich Raumkosten für 120qm von 1698€.
Angebotsbereiche/ Ambiente	Im Studio „Kraftwerk" gibt es einen Trainingsbereich welcher mit klassischen Fitnessstudiogeräten, Maschinen und Freihanteln ausgestattet ist. Dieser Bereich bietet viel licht durch große Fenster und eine Spiegelwand um den Kunden zu ermöglichen ihre Haltung selbst kontrollieren zu können. Der Thekenbereich ist mit einem Tisch, gemütlichen Sesseln, einer Couch und einer kleinen Theke ausgestattet. Diesen Bereich kann man sich wie eine Lounge vorstellen, wo nach dem Training oder die Wartezeit vor dem Training mit einem kühlen Getränk oder einem Kaffee/ Cappuccino verbracht wird.
Öffnungszeiten	Montag bis Samstag von 7Uhr bis 20Uhr Sonntag geschlossen An Feiertagen bis 14 Uhr geöffnet.

Kurseinheiten pro Woche	Keine Kurseinheiten. Im Studio „Kraftwerk" gibt es nur Personaltraining. Eine Personaltrainingseinheit dauert immer 60Minuten und es können 3 Personen gleichzeitig trainieren. Training findet immer mit eigenem Training statt außer bei Paaren oder Familie, da reicht auch ein Trainer für die zu betreuenden Personen.
Preisstrukturen	Einzelstunde: 80€ Einzelstunde (Paar): 130€ Mitgliedschaft (max. 12 Einheiten im Monat): 140 Euro in der Woche mindest Laufzeit 6 Monate, ab einem halben Jahr monatlich kündbar. Stunden sind zusätzlich buchbar, für Mitglieder kostet eine zusätzliche Stunde nur 60€. Sonstiges: Kaffee 1,50€ Tee 1,50€ Espresso 1€ Cappuccino 2:50€ Latte Machiato 3€ Shake 3€ Wasser ist umsonst!
Mitgliederzahl Anfang des Jahres	50
Mitgliederzahl Ende des Jahres	80

1.5. Unternehmensform

Für das Unternehmen wurde die GmbH als Unternehmensform gewählt. Dies hat gleich mehrere Gründe. Eine GmbH bringt viel Flexibilität mit sich, zum einen kann jeder etwas gründen, wenn es sich um einen gesetzlich zulässigen Zweck handelt. Dies ist bei einem Fitnessstudio der Fall. Des weiteren gibt es die Möglichkeit nur als Gesellschafter zu agieren und einen Geschäftsführer einzustellen. Ein weitere Vorteil ist die beschränkte Haftung (nicht gültig bei Sorgfaltspflichtverletzung) bei der man nicht mit seinem Privatvermögen haftet sondern nur mit dem Vermögen des Unternehmens. Es kann auch steuerliche Vorteile mit sich bringen, wenn man sich gegen die Gewinnausschüttung entscheidet, denn dann profitiert man von der Körperschaftssteuer im Vergleich zur deutlich höheren Einkommensteuer. Ein Beispiel dafür wäre zum Beispiel ein Firmenwagen anstatt eines privaten Autos. Ein Nachteil der GmbH ist das im Verhältnis relativ hohe Startkapital von 25000€, wobei das bei dem Gewinnpotential des Studios „Kraftwerk" eine sinnvolle Investition und somit kein Nachteil ist (gruenderschiff.de).

1.6. Betriebliche Risiken

Tab.6: Versicherungen für das Studio „Kraftwerk"

Risiken für den Betrieb	Ursache	Begründung
Sachrisiko	- Feuer, Explosion, Blitzschlag - Sturm, Hagel - Leitungswasser	Diese Ursachen sind in jedem Haus möglich. Ein Feuer kann durch den Blitzeinschlag oder einen Kabelbrand ausgelöst werden. Ebenfalls können Gasleitungen undicht sein und durch Kleinigkeiten entzündet werden und Explosionen auslösen. Ein Rohrbruch kann ebenfalls jederzeit passieren und somit ist auch die Versicherung sinnvoll. Sturm und Hagel ist bei einem im Erdgeschoss befindlichem Studio nicht zwangsweise notwendig, da aber alle Ursachen in einer Wohngebäudeversicherung abgedeckt sind, macht es Sinn sich für all diese Ursachen zu versichern. Zumal der günstigste Tarif schon bei rund 75€ jährlich beginnt (check24.de).
Sachrisiko	Einbruchdiebstahl, Vandalismus (Beschädigung)	Eine Hausratversicherung gegen Einbruchdiebstahl und Vandalismus ist besonders wichtig für eine Studio, denn die Trainingsgeräte kosten mehrere tausend Euro und auch alle Sachschäden, wie zum Beispiel kaputte Fenster und Türen, die bei einem Einbruch entstehen können kosten in der Reparatur nicht gerade wenig. Der günstigste Tarif liegt hier bereits bei rund 95€ jährlich (check24.de). Somit wäre es überflüssig das Risiko ohne Versicherung zu tragen.

Vermögensrisiko	- Berufs- und Betriebshaftpflicht - Entgeltfortzahlung - Forderungsausfall	Für diese Vermögensrisiken sollte unbedingt eine Versicherung abgeschlossen werden. Die Berufs- und Betriebshaftpflicht ist notwendig, wenn ein Kunde durch ein Fehler des Trainers, (falsche Übungsauswahl) oder durch ein verkauftes Produkt z.B. Shake(verdorben) zu Schaden kommt. Die Versicherung für Entgeltfortzahlung ist notwendig, da Mitarbeiten immer Krank werden können oder sich eine schwere Verletzung zu ziehen. Für den Zeit des Ausfalles muss der Lohn weiterhin gezahlt werden und da es sinnlos wäre Unternehmens Vermögen sinnlos zu verlieren, ist diese Versicherung ratsam. Die Versicherung für den Forderungsausfall ist ebenfalls sinnvoll, denn falls ein Kunde seinen Beitrag nicht mehr zahlen kann, egal aus welchem Grund, ist das Unternehmen abgesichert und bekommt dennoch sein Geld.

2.Personalwirtschaft

2.1 Stellenbeschreibung

2.1.1 Bereichsleitung

Bereichsleitung Training inkl.Personalmanagement, Voll- oder Teilzeit (mind. 30h/Woche)

Deine Aufgaben:

- Trainertätigkeit und fachliche Leitung des Bereichs Training
- Umsetzung und Qualitätssicherung des „Kraftwerk" Trainingskonzeptes
- Mitarbeit an Konzeptentwicklungen und der Entwicklung neuer Ideen

- Ansprechpartner für unsere Mitglieder und Mitarbeiter
- Erarbeiten von Trainings- und Übungsprogrammen, Erstellung von Trainingsplä nen und Trainingssteuerung
- Coaching unserer Mitglieder auf der Trainingsfläche
- Berichterstattung für die Geschäftsführung, Vermittlungsperson zwischen Personal und Geschäftsführung
- Personalplanung (Zeiteinteilung, Trainer- Kundenzuweisung)
- weitere organisatorische- und administrative Tätigkeiten

2.1.2 Fitnesstrainer

Fitnesstrainer, Voll-/Teilzeit oder Freiberuflich (Stundenbasis)

Deine Aufgaben:

- Betreuung von Mitgliedern und Organisation der Trainingseinheiten
- Erstellung von Trainingsplänen
- Motivation der Mitglieder von Kraftwerk
- aktiver Verkauf von Mitgliedschaften
- sicherstellen, dass alle Mitglieder und potentielle Mitglieder das höchste Level an Kundenservice gewährleistet bekommen
- Umsetzung von Promotion- und Marketingkampagnen

2.2. Anforderungsprofil

2.2.1 Bereichsleitung

Dein Profil:

- Abgeschlossenes Sportwissenschaftliches Studium (mind. B.A. / B.Sc.), Diplom Sportlehrer oder Sport- und Gymnastiklehrer
- Praktische Berufserfahrung von mind. 2 Jahren
- Bereitschaft für eine stetige Weiterentwicklung
- Fachliche oder konzeptionelle Fertigkeiten zur Lösung von Problemen im sportwis- senschaftlichen Kontext
- Fachliche oder konzeptionelle Fertigkeiten zur Lösung von Problemen im Persona- len Kontext
- Dienstleistungsorientiert
- Bereitschaft, Abends und am Wochenende zu arbeiten

- Positives, selbstsicheres und repräsentatives Auftreten
- Kontaktfreudigkeit / Offen und motivierend im Umgang mit Menschen
- Umgang mit der Termin- und Zeitplanungssoftware Optioffice
- Gute Deutsch- und Englischkenntnisse sowohl in Sprach- als auch in Schriftform
- Dich in unseren drei Grundregeln: Loyalität, Verbindlichkeit und klare Strukturen erkennen

2.2.2. Fitnesstrainer

Dein Profil:

- Erfahrungen als Trainer nachweisen (mindest Voraussetzung B-Lizenz)
- Respektvoll und fair mit Kollegen und Mitgliedern umgehen
- Diszipliniert und motivierend arbeiten
- Bereitschaft, Abends und am Wochenende zu arbeiten
- Umgang mit der Terminsoftware Optioffice
- Gute Deutsch- und Englischkenntnisse sowohl in Sprach- als auch in Schriftform
- Dich in unseren drei Grundregeln: Loyalität, Verbindlichkeit und klare Strukturen erkennen

2.3. Stellenanzeige

Wir das **KRAFTWERK** sind ein Fitnessstudio für Personaltraining! Unser Fokus liegt auf der Kombination von Fitness & Lifestyle. Wir bieten unseren Kunden die besten Geräte und Betreuung auf höchstem Niveau. Unser Anspruch ist es jeden unserer Kunden beim erreichen seiner Ziele zu unterstützen und Ihnen ein tolles Gefühl zu vermitteln.

Bereichsleitung Training inkl. Personalmanagement
(m/w/d) in Voll- oder Teilzeit (min. 30h/Woche)

Standort Würzburg

Deine Aufgaben:
- Trainertätigkeit und fachliche Leitung des Bereichs Training
- Umsetzung und Qualitätssicherung des „Kraftwerk" Trainingskonzeptes
- Ansprechpartner für unsere Mitglieder und Mitarbeiter
- Coaching unserer Mitglieder auf der Trainingsfläche
- Berichterstattung für die Geschäftsführung, Vermittlungsperson zwischen Personal und Geschäftsführung
- Personalplanung (Zeiteinteilung, Trainer- Kundenzuweisung)
- weitere organisatorische- und administrative Tätigkeiten

Dein Profil:
- Abgeschlossenes Sportwissenschaftliches Studium (mind. B.A. / B.Sc.)
- Praktische Berufserfahrung von mind. 2 Jahren
- Fachliche oder konzeptionelle Fertigkeiten zur Lösung von Problemen im sportwissenschaftlichen Kontext
- Fachliche oder konzeptionelle Fertigkeiten zur Lösung von Problemen im Personalen Kontext
- Dienstleistungsorientiert
- Bereitschaft, Abends und am Wochenende zu arbeiten
- Kontaktfreudigkeit / Offen und motivierend im Umgang mit Menschen
- Umgang mit der Termin- und Zeitplanungssoftware Optioffice
- Gute Deutsch- und Englischkenntnisse sowohl in Sprach- als auch in Schriftform
- Dich in unseren drei Grundregeln: Loyalität, Verbindlichkeit und klare Strukturen erkennen

Die Anzeigengröße der Stellenanzeige beträgt 120mm x 90mm.

2.4. Bewerbungsprozess

Schritt 1:

27 Bewerbungen sind per Mail eingegangen.

Schritt 2:

Die Bewerbungen nach den Grundlegenden Qualifikationen bewerten. Das heißt alle Bewerbungen (Bsp. Bereichsleitung) werden auf Ausbildungsabschluss (B.A., B.Sc., Diplom Sportlehrer usw.), Berufserfahrung (2Jahre), Kenntnisse Software und Sprachkenntnisse geprüft.

Schritt 3:

Alle Bewerbungen wo die Grundvorraussetzungen erfüllt sind kommen in die nächste Runde. Alle anderen Bewerbungen werden aussortiert. Somit kommen 20 Bewerbungen in die nächste Runde.

Schritt 4:

Jetzt werden die Motivationsschreiben (Der Text, warum der Bewerber/in die Stelle möchte und warum er oder sie die geeignete Person für die Stelle ist) näher betrachtet. Wichtig hierbei ist das sich eine Person gut verkaufen kann und man sie sich grundlegend in seinem Unternehmen vorstellen kann. Es muss nach dem lesen des Textes eine gewissen Sympathie für Bewerber/in X vorhanden sein.

Schritt 5:

Alle Bewerbungen die ein ansprechendes Motivationsschreiben haben kommen in die nächste Runde. Es bleiben somit 10 Bewerbungen übrig.

Schritt 6:

Als nächstes schaut man sich bei den verbleibenden Bewerbungen die zusätzlichen Qualifikationen an, wie zum Beispiel zusätzliche Lizenzen. Beispiele dafür wären A-Lizenz, Fachtrainer für Rücken, Fachtrainer für Koordination, Fachtrainer für Senioren, Fachtrainer für Sportrehabilitation usw.

Schritt 7:

Es sollten nach Schritt 6 maximal 5 Bewerbungen übrig bleiben, ist dies nicht der Fall man die restlichen Bewerbungen aussortieren indem man überlegt, welche Person am besten in das Studioleitbild passt.

Schritt 8:

Mit den verbleibenden 5 Personen wird ein Termin für ein Vorstellungsgespräch ausgemacht.

2.5. Fragen im Vorstellungsgespräch

Tab. 7: Fragen für ein Vorstellungsgespräch

Frage	Ziel der Frage
Was wissen Sie über das Unternehmen?	Es soll zeigen ob sich der Kandidat im Vorfeld vorbereitet hat. Die Frage soll auch aufzeigen ob der Kandidat motiviert ist und ob er eigenständig ist. Außerdem zeigt die Frage ob der Kandidat Aufgaben tiefgründig und mit Sorgfalt bearbeitet oder ob er eher oberflächlich ist.
Können Sie mir etwas über sich erzählen?	Diese Frage dient dazu die Person besser kennenzulernen und soll aufzeigen ob der Bewerber in das Team und in das Unternehmen passt.
Was sind Ihre Stärken?	Diese Frage soll zeigen ob sich der Bewerber selbst gut einschätzen kann, ob er selbstbewusst und vor allem ob er ehrlich ist. Die Frage soll auch genauere Einblicke in den Charakter der Person bieten.

Was sind Ihre Schwächen?	Diese Frage soll zeigen ob sich der Bewerber selbst gut beurteilen kann. Ob er ehrlich und auch selbstkritisch sein kann. Diese Frage soll ebenfalls Einblicke in den Charakter der Person bieten.
Wo sehen Sie sich in 5 Jahren?	Diese Frage soll zeigen ob die Ziele und Visionen des Bewerbers mit der Vision und den Zielen des Studios zusammenpassen. Es soll aufzeigen ob eine langfristige Beschäftigung möglich ist und ob sich Investitionen in den potentiellen Mitarbeiter lohnen.
Wie viel wollen Sie verdienen?	Geld spielt immer eine wichtige Rolle. Hier geht es wieder um selbstbewusstes Auftreten, aber auch realistische Vorstellungen was seine Dienstleistung wert sein darf und kann. Die Frage entscheidet letztendlich ob ein Kandidat final in Erwägung gezogen wird, denn wenn er unrealistische Vorstellungen hat, sind alle anderen positiven Eigenschaften hinfällig.

Logo:

Anmerkung der Redaktion: Diese Abbildung wurde aus urheberrechtlichen Gründen entfernt.

Abb. 3: Logo „Kraftwerk"

3.Literaturverzeichnis

ImmobilenScout24. (2021). *Immobilen Scout GmbH.* Zugriff am 05.06.2021. Verfügbar unter https://www.immobilienscout24.de

Miet-Check.de. (2021). *Jochen Weingarth.* Zugriff am 05.06.2021. Verfügbar unter https://www.miet-check.de

Stadt Würzburg. (2021). *Stadt Würzburg.* Zugriff am 05.06.2021. Verfügbar unter https://www.wuerzburg.de

Gründerschiff. (2021). *Gründerschiff UG (Haftungsbeschränkt) & CO. KG.* Zugriff am 06.06.2021. Verfügbar unter https://gruenderschiff.de

Check24. (2021). *Check24 Vergleichsportal für Sachversicherungen GmbH.* Zugriff am 08.06.2021. Verfügbar unter https://www.check24.de

4. Abbildungs- und Tabellenverzeichnis

4.1. Abbildungsverzeichnis

4.2. Tabellenverzeichnis